오름시인선·74

오징어 증후군

덕산 김병익 시집

金炳益 辨理士
雅號 德山頌

德山乾立滿春風
萬物生生漸得豐
名退開窓漁受號
炳然辨理益基功

辛卯中秋

大山

시인의 말

늦깎이로 시작해서
무턱대고 당차게 뛰었다
자욱한 안개의 紋章을 헤치면서

년 년을 보내고서야
때때로
조금씩 맺힘도 풀렸다

너와의 동행이
이제는 삶의 일부가 되었으므로
도저히 놓을 수가 없구나

이슬로 맺혀
촉촉해지는 그날까지
돌아보지 말고, 앞만 보고 가자

2025년 여름
/ 계룡산자락 소라실에서 /

차례

003 시인의 말

1부 / 바람의 그늘

010 민들레 농장
012 냉이의 한살이
013 호랑나비
014 모종의 조건
016 왜가리 사랑
018 지네
020 나침반
022 바람의 그늘
023 오월의 밤
024 거품
025 해우소
026 얌전한 병
028 이장移葬의 이유
030 장수풍뎅이 위장술
032 7월

2부 / 나팔소리

두부 사이 034

방울토마토 036

한탄강에서 038

호수의 그림자 040

정미소 042

맷돌의 그늘 044

꽃수레 045

베짱이의 입장에서 046

깔따구의 한마디 048

나팔소리 050

장의차 052

삼거리 휴게실 054

괘종시계 056

이월 상품 058

못 타령 060

차례

3부 / 당신이 바람이라면

- 062 사라진 집
- 064 뚜드랭이 가는 길
- 066 구둣방 영감
- 067 쭉정이
- 068 불꽃 속의 여인
- 070 슬픈 미학
- 072 당신이 바람이라면
- 074 홍어
- 076 허수아비 발자국
- 078 봄과 통통배
- 080 김과 금 사이
- 082 고래의 노래
- 084 오징어 증후군
- 086 비린내 바큇살
- 088 막춤
- 090 치자꽃, 그 향기

4부 / 슬기의 무늬

두꺼비집 092
묵언수행 094
굴뚝새 구멍 096
사금파리 달빛 098
분재 앞에서 100
적조의 그늘 102
냄새의 무게 104
기울기의 셈법 106
슬기의 무늬 108
프리랜서 110
자멸의 일침 112
대중 목욕탕 114
돈벌레(그리마) 117
그늘 118
연못과 고추잠자리 119
덤 120

차례

5부 / 낙엽 노트

- 122 비단풀 악플
- 124 호밋날
- 126 에움길
- 128 슬픔의 온도
- 130 찰나의 그늘
- 132 꽃뱀
- 134 범고래의 무게
- 136 청춘의 꽃
- 138 적선
- 140 딱정벌레
- 142 자은도 이방인
- 144 가을 편지
- 146 어깨의 그늘
- 147 낙엽 노트
- 148 악어의 눈꺼풀
- 150 복수 꽃 한 채

1부
바람의 그늘

민들레 농장

홍성군 홍북읍 용봉산 자락
민 사장이 운영하는
민들레 농장이 있는데
농장에는 민들레가 없다
토실토실한 소들뿐이다

제 운명을 스스로
예감이라도 하였는지
농장 이름 작명까지 해놓고
민들레 홀씨처럼
훨훨 날아간 여인이 있다

이승의 삶이 벅찼을까
다독여주지 못한 탓이었는지
아픔 먹으면서 견디더니
너무 서운하게 갔다

남편은 곁에 두고 싶다면서
농장 한복판에 무덤을 썼는데

아침마다 맥 빠진 다리 절며
말 없는 말을 주고받는다

흔적을 퍼내다가 지우다가
고요가 고요로 포개진 순간
나의 당신은 보내서 슬프고
당신의 나는 남아서 아프다

언제부터인지 무덤가에는
민들레꽃이 피기 시작했다
이제는 그녀가 그리던
하얀 홀씨 세상이 되었다

사뿐히 밟고 간 자리
발자국들의 냄새를 맡는다
하얀 홀씨 봄날의 허공을 흔들며
밭고랑 따라서 간다
머뭇머뭇 미련이 남는 듯

냉이의 한살이

아지랑이에 초점 맞추는 사이
봄날이 구불구불 넘어가고
난처하게도 용트림하려는지
뻣뻣이 솟아오른 가파른 구릉

익을 대로 익은 씨주머니 속
까만 씨알 바람에 쓸려 가는데
언제쯤 낯선 곳에 발부리 내려도
또 바닥에 엎드려야 할 처지다

겨울 지내려면 체면 불고하고
땅바닥에 넙죽 엎드려야 한다
얼굴 쳐드는 순간 매서운 북풍이
온몸에 얼음못 박을 테니까

호랑나비

구불구불 애벌레 시절에
곡식 과일 나뭇잎 갉아 먹는
해충으로 냄새까지 풍긴다고
평판이 나쁘다는 걸 알고 있다

그것은 네 생각이며 편파적이다
입장을 바꿔 보면
어리디어린 것이 살아남으려는
인고의 과정이 아니겠는가

야산과 들판에서 맴돌며
호랑이와는 일면식도 없는 나에게
줄무늬 때문에
무서운 수식어가 붙었나 보다

세상천지 제일 무서운 병은
가까운 친구들이 없다는 것
참을 수 없는 그리움으로
벌럭벌럭 헤매고 있습니다

모종의 조건

모종에는 박자가 있다
능력과 의지, 환경
심었다고 잘 살거라 믿는 것은
힘 가진 자들의 오해다

살기 위해 죽어야 하고
죽기 위해 살아야 하듯
온도 맞추기 어려운 삼박자

큰 씨앗은 깊게
작은 씨앗은 얕은 음계를 찍어야
뿌리와 핏줄이 박자를 맞추리라

젊은 밭을 만들어라
흡입하는 힘이 좋아
해충마저 넘보지 못하므로

모든 농사의 성공은
모종의 시험을 거쳐

모종에서 끝나므로
맥부터 잘 짚어야 한다

왜가리 사랑

백로와 같이 살아가지만
아무리 닮으려 해도
백로가 될 수 없어 슬픈 새

모두 떠난
외로운 시냇가 모래톱에
왜가리 한 마리 외발로 서 있다

외사랑하던 이 떠나고
가슴앓이 접으려는 듯
얼굴 묻고 눈물 머금고 있다

언제쯤 날아왔는지
백로가 아닌 놈이
찰싹 달라붙어 치근덕거리는데

하루해는
잿빛 등 뒤로 기울고

이때가 지나면
다시 오지 않을 것 같기도 하다

백로와 같이 살아가지만
아무리 닮으려 해도
백로가 될 수 없어 슬픈 새

지네

지네는 마디와 다리가 많다
습기를 좋아하는 놈이
돌부리 바닥에 나와 발발거린다

부지깽이 들고 달려드는데
더듬이 웨이브로 피해 보지만
일정한 방향은 없는 듯하다

도망칠 때는 다리마저 적인 듯
얼마나 다급했으면 대책도 없이
다리 절단이 독일까 약일까

죽은 체하면 살 수 있다는
대물림이라도 있는 것일까
잔꾀로 살아난 경험이 있었나

마지막까지 독침을 간직한 근성
독액 분비의 끈은 놓지 않는다
그런데 끝내 분비는 못 하였다

나침반

어지러운 세상이라 그런지
좀처럼 바로 서지 못하고
발걸음 뗄 때마다 흔들리고 있다

멈출 만도 한 나이지만
아직도 흔들리는 것은
다른 좌표를 가리키고 싶은 탓이다

방향 잡을 때 쓰려고 감춰 놓은
그를 꺼내는 순간
놀랐는지 부들부들 떨고 있다

흔들리며 살아온 날 하도 많아
정지된 날은 손꼽을 정도다
뿌연 그림자만 어른대는데

봄비에 젖기도 하고
소나기 흠뻑 맞으면

가을볕에 말렸다가
함박눈 쌓인 하얀 밤도 걸었지

이제는 정착이라도 할 요량인지
얼굴 마주보며 의지하며
어떤 좌표를 따라나선 것일까

아무리 흔들려도
제 길 가리키고 있다

바람의 그늘

봄바람이 분다는 것은
서릿발이 발톱을 내밀지 말라는
무언의 경고다

낮에는 초여름처럼 덥다가
저녁에는 추위를 몰고 오는
한랭전선이 늘어지는데

윤달이 들었는지도 모르고
낮만 믿고 꽃봉오리
살포시 내밀려는 살구꽃

봄날은 알다가도 모르게
바람 따라 그늘 따라
그렇게 왔다가 가는데

단단하고 날카로운 발톱도
부슬부슬 뿌리는 봄비에
꽃잎에 대롱대롱 매달려 있다

오월의 밤

이팝나무 가로수 가지 사이
가로등 불빛이 유난스럽다
어두울수록 환한 이팝나무꽃

모내기 철 오월의 밤
논두렁 개구리 울음소리 요란한데
공연히 서럽고 마음 아프다

저 멀리 외딴집 반짝이는 불빛
조용히 건네는
시골집 기별 같기도 하다

모내기 철 허둥대며 들밥 나르던
엄니도 떠오르고
물고 싸움에 소리치던
아버지 음성도 들려올 것만 같다

거품

화르르 넘치는 난장판에서
호기부리려는 언사로
다분히 한몫하고 있는데

시냇가 맑은 물소리 청량하다
한참 내려오다 치받치는 것들
그 사이로 너는 누구인가

서로 만나서 갈등 빚으면서
풀숲마다 포기마다
몽실몽실 살다 죽다 반복한다

몸통보다 배꼽이 커져서
끝내 블랙홀로 빠져드는
시란 놈의 운명 같다

해우소

통도사 경봉 스님
널빤지 난간에 쪼그려 앉아

2척 넘는 황금 수심에
부드득 부드득 내리셨는지

혼자서 헤헤거리다가
판자 쪽 틈새로 스며든 햇살

꽃들마저 근심을 터트리듯
볼장 다 본 환한 봄날이다

얌전한 병

천성은 버릴 수 없는 탓인지
병은 병인데 얌전한 병이다
아들딸도 알아보지 못하는
무반응 무표정이다

올해로 나이 102살
내 아내의 작은어머니
요양원에 가는 날
여름 햇살 따가운 하지 무렵이다

온 식구의 삶이 흐트러져
미룰 수 없다는 결론이지만
큰딸은 눈시울 붉히며
처음부터 아직까지도 반대다

뚜렷한 입구 모호한 출구
분별의 생이 멈춰버렸는데
무엇을 보살피겠다는 건지

고려장이라 말할 수 없을 뿐
누구나 다 아는 곳
오래 살면 코스가 되어버린
마지막 머물다 가는 곳

남한테 모진 말 한번 못하고
언제나 웃음으로 맞이하던
무던하던 생이 마냥 그립다

금방이라도
소나기 퍼부을 것 같은
먹구름 몰려드는 검은 날이다

이장移葬의 이유

고향에 가면 인적은 한적하고
앞산 뒷산 무덤으로 병풍 첬다
명당이라 자처했었겠다

성묘 시제로 신성시했던 무덤들
세파에 시달린 후손 때문인가
처삼촌 벌초하듯 천덕꾸러기 신세다

우선 이장하기로 했는데
앙다문 턱 백골에 유토 한 움큼
나뒹구는 유품 몇 가지

그날에 무슨 일이 있었는지
마지막 말 남기지 못한 듯
검은 진토로 물든 민낯들이다

납골묘 1기에 쌓아 올린
아파트형 납골함 30개
불효인가 효심의 발로인지

여기저기 흩어졌던 시선을
한곳으로 응결한
어쩌면 시를 쓰는 이유 같다

장수풍뎅이 위장술

무더위 한창인 숲속 한낮은
시끌벅적하다 귀가 먹먹하다
각양각색 소리로 애절하다
잘 들리지 않는다고 해서
소리를 내지 않는 것은 아니다

음성 발화로는 질러보지 못하고
고작 날개를 비벼대는데
오랜 자연 선택의 선물이다
그래도 끼리끼리는 알아듣고
남들 하는 짓은 다 한다

작은 속삭임마저도
아주 크게 터득한 방식이다
일종의 위장술일 수 있다
포식자의
눈과 귀 피하려면 어쩔 수 없다

숨죽일 때는 죽이고
엎드릴 때는
엎드려 살여야한다
속았나 싶었는데
속지 않는 경우도 있기는 하지만
지독하게 속는 하루였으면 좋겠다

7월

삼사월 파르르 떠는 꽃잎
살구나무여 복숭아꽃

오뉴월 탐스럽던 작약 목단
가슴 깊이 묻어두더니

한 해 반 넘는 문턱에 다다라서
짙은 치자 향기 밀어내고

수국 장미 송이 송이마다
멍빛 짙은 색깔로 수놓다가

노랗게 살구 복숭아 익는
달랠 수 없는 사연 토해 내는가

2부

나팔소리

두부 사이

온통 하얀 안개 자욱한
불리고 으깨고 삶아서
모를 세우는 부부의 일터

간수의 이간질에
뭉쳐야 산다는
순백의 맨살 결정체

범접 못할 육면 속으로
눌러 앉힌 뱃살 한판

뼈도 가시도 없이
모의 각만 뽐낼 뿐이다

하루 종일 모질게
각만 세우던
아내의 투정

어느새 눈치 빠른 노을은
슬그머니 꽁무니를 빼는데

내일은 모와 모가
반듯하게 각이 잡힌
날이 왔으면 좋겠다

방울토마토

십여 평 남짓 되는 텃밭에
방울토마토 몇 그루

지난 시절 누구네 부모처럼
대책 없이 아홉 자매 낳아
지질한 가난 대대로 물려주고
나 몰라라 하시던 그분들 같구나

나무도 아니면서 풀도 아닌 것이
제대로 지탱도 못 하면서
활짝 열어 놓은 대문처럼
들락날락 피고 지고 맺혀놓는데

좌우 목발 부축을 받고서야
겨우 구부정히 일어서는
연약하면서 단단하여지려는
저 안쓰러운 의지 좀 보소

얼굴 자랑이라도 하려는 듯
삐쭉삐쭉 고개 내밀며
불그레한 방울 올망졸망 맺은

그대를 여름철
다산의 여왕이라 부르고 싶소

한탄강에서

한탄강 주상절리 잔도길
수직 절벽 순살 돌개구멍마다
꽃잎으로 흩어져 산화한
영혼들의 통증이 묻혀있다

잠들지 못 한 채 선잠으로
불러보면 받아치는 수직의 음운
저 소리 분명 선잠 깬 소리다

어느 병사의 피 묻은 마후라가
바람결에 도리 도는 것이냐
절벽 틈새마다
선홍빛 진달래꽃 나풀거린다

멋모르고 뛰어든 포화 속에서
처음 만난 것이라는 게
키보다 큰 총자루에
얼마나 무섭고 겁이 났을까

건너야 하며 막아야 했는데
어리디어린 꽃잎이 찰나로 끝났구나
용암이 분출하듯
장렬하게 산화했는가

한 많고 탈 많던 처연한 한탄강
하늘 다리 넘나들며
구곡 협곡 건너뛰는
행락객들의 오색 물결
꼬리를 물고 몰려드는데

남과 북 으르렁 살얼음판인데
잔도길 난간마저 아슬아슬하구나
불면의 강은 아는지 모르는지
남방한계선 넘나들며 흐르고 있다

호수의 그림자

바람이 불면 날을 세우다가
언제 그랬냐는 듯
바람의 성질에 잘도 순응하는
타고난 물의 천성

얼었던 결정이 녹아내리는
이른 봄 어느 날
물비늘 톡톡 튕기며
은빛 금빛 굴리는 햇빛

잔잔한 음파를 간직한
대청댐 호수
이럴 때를 볼라치면
물빛과 바람의 조화는

주마등이 오락가락하는
우리 뒤안길 같은데
어느 때는 뽀얀
안개처럼 편하다가도

순간에
날을 세워 달려드는데
멀다가도 가깝게 다가와
코끝을 베는 풀 비린내

정미소

황금벌판 농익은 씨앗들
콤바인에 강제 징집되어
아득한 터널 속으로
떨어지고 있다

몸과 몸의 싸움
온몸은 탈탈 털려
뽀얀 알몸으로
알알이 떨어지고 있다

가뭄과 비와
바람이 어우러져
인고의 몇 날 찍고
농부의 한 해
성적표 받아보는 곳

떨어진 싸라기에
참새떼 가득하고

여문 알갱이에
노안 웃음꽃 피는 곳

정작 미소는 없고
희미한 불빛 아래
미백의 아우성만이
겹겹이 쌓여가는
길가 그 정미소

맷돌의 그늘

재래시장 입구 그늘진 구석에
일곱 식구 책임지던

배꼽과 배꼽이 딱 맞는

곰보처럼 얽은 둥글넓적한
삼발이에 편히 누운 검은 맷돌

안개 자욱한 새벽녘 두붓집

많이 먹어야 했고
먹은 만큼 쏟아야 했으므로

직관으로는 소화할 수 없다는 듯

옆구리 송송 뚫린 슬픈 사연

꽃수레

내 의지와 상관없는 삶이
어찌 나쁜이더냐 만
햇빛만 쫓아 몸을 비트는
나는 꽃밭의 꽃이다

한곳에서 싹트고 자라고
피우고 열매 맺는 꽃
예기치 못하게 어느 날부터
수레 타는 신세가 되었다

여인의 눈높이만큼
내 존재 이유 상실한 채
어지럼증에 어질어질
옷고름마저 풀어 헤쳤다

여인의 미소에 맞추어
억지웃음 지으면서
막무가내로 자리 바꿔가며
돌고 돌아가는 수레바퀴

베짱이의 입장에서

베짱이가 등장하면
으레 개미가 불쑥 나타난다
서로는 누군가가 설정한
함정에 빠지는데

나는 얕잡아 보고
너는 비웃다가
그들의 의사와 상관없이
서로 반목하게 했다

개미는 다년생이고
베짱이는 한 철 생인데
베짱이의 입장에서 보면
노래 부르든 구애하든
너희가 무슨 상관이냐

제대로 알지도 못하면서
들리는 소리가 다도 아닐 텐데

이러쿵저러쿵 손가락질할
자격이 있다고 생각하는가

부지런하다고 다는 아니지요
부모의 신분에 따라
잘살 수도 못살 수도 있는
세상이 되어가고 있습니다

현실에서 개미보다
베짱이를 더 챙겨주는
최저임금보다 많은
실업급여도 있으니까요

빗댄 말장난에 휘말리다
본심도 드러내지 못 하고
말끔히 오해를 풀지 못 했는데
서서히 여름은 저물어 가고 있다

깔따구의 한마디

며칠 쉬지 않고 내리던 빗줄기
집 둘레는 풀밭으로 변했다
핏대 성한 피뿌리풀

사각거리는 낫 소리에
선잠 깬 깔따구 한마디
내 생은 일주일이 전부인데

그걸 참지 못하고 뒤집어 놓다니

그 누구냐고
이빨 앙다물고 달려들어
눈탱이를 밤탱이로 만들어 놓는데

그 작은 놈이 이 큰놈을
한번 해보자는 듯
한 입 거리도 안 된다는 듯

깔따구한테
고요가 깃든 습한 풀밭은

숨어있는 곳이 아니라
백 년 같은 생이
머무르다 가는 움막이 아니더냐

나팔소리

파도 등살에
바위틈새 달라붙어
소리 한번 질러내지 못한 채
나팔고둥 잘 붙어 있다

잡혀간 놈 가슴 뚫린
나팔 소리 들은 후부터
이승과 저승의 간격을
조금은 알 것 같은데

살아서는 배 채우느라
소리 한번 질러보지 못하고
껍데기 되어서야
소리를 낼 수 있다는 걸

오늘도 바람이
세차게 불고 있다
풍랑에 밀린 놈
백사장에 간간이 눈에 띈다

며칠 지나면
쓸쓸한 이 백사장에
나팔 소리
아련하게 울려 퍼지겠다

장의차

반평생 반쪽으로 살던
노인 장례식장에
캐딜락이 대기하고 있다

생전 경운기와 발품이
그의 유일한
교통 생계 수단이었다

살아있을 때 택시라도 불러
단풍 구경이라도
폼나게 시켜주던지

자주 찾지도 않던 놈들이
인연의 끈은 있다고
리무진을 태우려는 것일까

망자의 생각과는
아무런 상관이 없다는 듯
산 놈들 제멋대로다

씨잘대 없는 과시욕은
아끼려는 움츠림보다
보는 사람 더 가슴 아리다

이승의 끝자락 터널 속에서
늘 함께하던 길
오롯이 남아 있겠지

삼거리 휴게실

계룡시 양정 고갯마루에는
초라해 보이는 휴게실이 있다
세월의 풍상이 입힌 더께
간판과 주인이 몇 바퀴 돌았는지
주막도 다방도 아닌

메뉴라고야 컵라면 봉지커피
마른멸치 맥주가 전부다
단골손님만 출입하는 양
늙수그레한 영감들의 집합 장소
동물인 체 육담이*오가는 곳

마담의 자격은 단순하다
얼굴보다 손이 예뻐야 한다
살갗 냄새를 맡겠다는
영감들의 성화에
내 손이 네 손으로 둔갑된다

선 넘는 영감들도 있지만
불호령이 떨어져도 그저 좋단다
저 당찬 손길 앞에는
농익은 자의 능청이 있다
어디 이만한 곳이 또 있을까

아침나절 주르르 몰려드는데
멈칫멈칫 불끈거리는 저 힘
투명한 맥주잔 너머로
몽실몽실 피어오르다가
하얗게 지고 마는 삼거리 휴게실

* 이수익 (동창생)

괘종시계

집 짓고 이사 오던 날
예기치 않은 괘종시계가
선물로 들어왔다

내 키만큼 큰 시계다
동네의 연장자
두 사람 중 한 사람의 기증품

자칫하면 일상에서
농담이 진담을 억누르고
진담이 농담을 부풀리는데

형제지간도 아니면서
시계추가 거리를 유지하듯
늘 어울렁더울렁 지내면서

시계 문짝에 새겨 놓은
먼저 간 이름이 반짝이며
괘종소리 우렁차게 울린다

나 여기 있다며 웃는 듯한데
내일은 나도 친구에게
묻지도 따지지도 않고
먼저 악수부터 청해야겠다

이월 상품

올마다 모여 엮일 때만 해도
색다른 거리를 활보하리라
벅찬 희망을 품었다

우리의 출발선은 동등했다
꼬리표는 운동복인가 싶지만
운동복이 아닌

외출복과 운동복의
경계선상에선 방한 바지
화려한 매장에 올려질 때부터

전혀 딴생각이 옥좨 왔다
내 힘으로 할 수 있는 것은
아무것도 없다는 것이다

고객을 홀리게 할 수 있는
입담과 손짓이 없을 뿐더러
엉겨 붙어 아양떨 수도 없다

무더기로 포개진 것들은
서로 엮여 경쟁하는 듯하지만
선택의 눈치만 살피는 처지다

누구는 벌써 몸에 붙어
군중 속에서 활보하는데
언제쯤 길거리에 나설 수 있을까

이 밤이 지나면
자판대위에 던져질 것 같은데
중앙의 과녁을 탐낸 세월이 그립다

못 타령

당신이 깊이 박아놓은
대못을 뽑지 못합니다
마지막 선물이라 생각하니까

나에게 남겨놓은 것이라면
대못밖에 없는데
어찌 소중하지 않겠습니까

들리는 말에 의하면
나 때문에 박힌 잔못이
당신 몸에 송송 박혔다니

내 못은 알 것 같은데
당신 못은 알 수 없으므로
무슨 소리냐고 반문도 했지요

잘못을 조목조목 들춰내는데
나도 남한테 못을 박을 수 있단 걸
그제서야 알아챘지요

3부

당신이 바람이라면

사라진 집

수구초심이라는 말이
이 상황에 맞기나 한 건지
그렇지 않다면 어떤 말로 대신하여야 하는지
혼자 살면서도 텃밭을 가꾸며
잘도 견디던 할머니가

자식들 앉혀놓고 마지막 생을
이 집에서 죽고 싶다고 하였건만
기필코 아파트로 이주시켰다
팔십 평생 살던 집 잊을 수가 있었을까
며느리 졸라 살았던 집 찾았는데

팽팽그리 집은 온 데 간 데 없으므로
우리 집 어디 갔느냐 반문하더니
허깨비를 보아서 혼절하였는지
영감의 손짓에 잠이 들었는지
좀체 집에 대한 뒤안길을 놓지 못했다

그토록 무던하던 생이 그렇다*
말을 잃고 눈가에 메마른 눈물 한 줄기 쏟아져
119에 실려 종합병원 갔는데
여태껏 정신이 오락가락하며
허공에 손만 젖고 있다는데

* 복효근의 시 「입춘 무렵」에서 한 구절 변용

뚜드랭이* 가는 길

마음은 앞서가지만 쉽게 움직이지 못하고
가고 싶을 때 가지 못하던 길을
홀가분하게 찾을 수 있다는 것은
그만큼 무거운 상념 벗은 탓이겠지
종천 수리너머 재 넘어 바닷가 접어드는 길

밀물에는 해안 밀고 온 물결 일렁이고
썰물에는 언제 그랬냐는 듯
잡을 수 없는 지평선이 펼쳐지는 갯마을
비옥한 펄 두드린다고 하여 뚜드랭이 되고
다스린다고 하여 다사리 선도리가 되었는가

발가락에 잡히지 않는 구멍으로
짱뚱어 게들이 드나드는 곳
굴 따고 조개 캐던 이쁜이들 어디 가고
유모차에 기대어 터벅거리는 할매 사이로
이름도 낯선 자동차만 들락거리는데

지금의 갯벌에는 아무나 드나들 수 없다
어촌계 점용허가 사업자가 관리한다
두드릴 몇 평의 갯벌도 없는 사람한테는
떠나도 좋다는 말없는 무서운 형벌이다

질퍽이던 황톳길 2차선 아스팔트
바닷가 끼고 도는 산모퉁이 마다 펜션 즐비하다
보리 밭골 사이로 호롱 불빛 깜박이던
그때 뚜드랭이에 머물렀으니
잠시 옛날만 기억하면 어떨까

* 충남 서천군에 있는 갯마을 이름

구둣방 영감

눈 내린 이태원 길에서 달려온 버스
내리막길 보광동 종점으로 향한다
골목마다 미끄럼판 연탄재 범벅이다
생각하면 그 시절의 어려웠던 추억도
지금은 몰라보게 주위를 바꿔놓았지만
고등학교 다닐 때 겨울 풍경인데

버스 종점 매표소 옆 구둣방 영감
바닥 칠 때 찾는 사람들이 모이는 곳
손님 중에 외판원 박씨는 단골손님
오늘도 길거리 헤매면서 바람결에
하소연도 하였지만 잘 풀리지 않아
뚜벅뚜벅 구두굽 마모 시간 엿듣고 있다

삶의 에움길 품 안도 이리 차가운데
문밖의 추위는 얼마나 매서울까
문 여닫기가 뻑뻑한 눈 쌓인 구둣방
이 골목 저 계단에서 다른 구두굽으로
힘겹게 뒤집히는 움츠린 사람들
하얀 숨결로 발자국 찍으며 가고 있다

쭉정이

시작과 끝이 공존하는 12월이다
알맹이 껍데기 몸통 구리
쌓아둔 콩 꾸러미 펼쳐본다

알맹이는 새봄에 넘겨주고
껍데기는 눈발에 날리려는데
구석에 웅크린 못생긴 놈

기죽은 쭉정이들 서로 기대어
홀연히 한숨만 몰아쉬는데
슬픈 기억 누가 알고 있으려나

무더운 땡볕 속에 목마를 때
견디기 어려워 몸부림쳤지만
창백한 얼굴 본체만체하고서

이제 와 버릴 수도 놔둘 수 없다고
머리 긁으며 주저하고 있다
저놈들도 쭉정이가 되고 싶었겠는가

불꽃 속의 여인

날 선 도낏자루에
동강 난 참나무 애처롭다
자라온 나이테 선명한데
선택 여지가 없다니

도시 생활 청산하고
함양 땅으로 이사 온
그녀의 군불 지피는
아궁이 장작불에

아픈 기억들이
타오르다 사그라들다
모든 걸 한쪽에 걸어서
외로웠던 것일까

동대문 옷가게 아낙들과
스스럼없이 밀크커피 마시며
전쟁 같은 하루가 시작되던 날
아롱아롱 너울거린다

불꽃 너머로
불쑥 나타나는 이름
얼비치는 그리운 얼굴
내 모습도 덩달아 겹치는

슬픈 미학

빠른 속도와 균형감
아무나 할 수 있는 것이 아니다
물속 달리다가 공중 부양도
가끔 시도하는 쥐치
바탕이 받쳐주지 않으면 할 수 없다

체형은 물론이고
밖으로 내보일 수 있는 객기
간이 부었다고 말하지만
부은 것이 아니라 클 뿐이다

눈에 뵈는 놈이 없다
괜히 간 믿고 객기 부려봐야
생사를 장담할 수 없으므로
한때는 잡혀갔다
살아왔던 화양연화의 시절도 있었다

동백꽃 피고 갈매기 날며
봄 안개 자욱한 연안에

그들과의 싸움이 시작되고
스스로 자수하는 것만이
차선일지 모르지만

내륙에선 언제부터인지
입 소문이 적이 될 줄이야
탁 치니 곡이 되었다
부위 때문에 동체까지 희생되는
도저히 알 수없는 이중성

토끼처럼 임기응변으로
넘길 수도 없는 노릇이고
간만 떼어줄 수도 없으므로
이 얼마나 슬픈 미학인가
간과 간 사이에서

당신이 바람이라면

당신은 나를 알고나 있나요
말없이 왔다가 꼬리만 남기니
제멋대로 아닌가요
당신이 바람이라면
나는 개비입니다

돌고 돌아도 언제나 제자리걸음
비 오면 후줄근하게 돌다가도
언제 그랬냐는 듯
당신이 휙 몰고 가면
빙빙 뱅뱅 돌고 있지요

바람개비 손에 들고
동네 한 바퀴 돌던
그때 그 시절을 생각한다
그런데 언제부턴가
대관령 목장 언덕배기
대부도 누에섬 풍력 발전기

까마득한 높이에서
재촉해도 소용없다는 듯
붙으려고 달려드는 것들
떨구며 버거운 소리 지르며
제맛대로 돌고 있다

구름 속으로 바람이 불고
개비가 돌아가면
캄캄했던 마을에도
불이 밝혀지는데
자동차도 힘이 나는지 쌩쌩거린다

이제는 아이들이 갖고 놀던
색동 색 바람개비가 아니다
빙하와 우림을 살리는
바람이 우리에게 당도한다
바람개비 손짓들이
우후죽순 늘어나는 이유다

홍어

석가모니 세존 곁에
문수보살이 있다면
용왕 옆에 네가 있으렷다

넓은 날갯짓으로
흉한 놈 쫓아내고
약한 놈 보듬는 듯
저 맑은 얼굴 보소

흑산도 바닷속 떠나
목포 어판장 바닥에서
붉은 와불로 현신했는가

무량한 공덕 쌓았으니
아쉬움도 없다는 듯
이미 해탈한 몸짓이다

싱싱할 때 쫄깃하고
상할 때마저 톡 쏘는
승천하려는 붉은 기상

마지막 뼈마디까지
남김없이 다 주고
환한 불상이 되었다

허수아비 발자국

무던한 생이다
허수아비에게도 발자국이 있다

입성은 남루하지만
겁주기에는 안성맞춤이다

두 다리도 아닌 외다리
너도 한번 서 있어봐라
얼마나 오금이 저리는지

발자국이 있는 놈들은
누구나 족적을 남기는데

실수가 허수를 속이고
허수가 실수에 속는

쫓고 쫓다 정들었던 새들마저
허공으로 족적을 감춘다

모든 것들은 두두물물
영원한 제 자리는 없다

뽑혀야 비로소 아름다운
마침표가 느낌표로 찍혀 있는
허수아비 발자국

봄과 통통배

보리이랑 출렁출렁
봄이 오는 소리
철썩철썩 파도소리
통통배 물길 가르는 소리

철푸덕 탁
닻줄 내리는 소리
뻐끔 뻐끔 담배 연기
아버지 근심 소리

통통 물질 나서는 소리
장독대에 정한수에
어머니 싹싹싹
손바닥 비는 소리

무시로 만선
깃발 펄럭이는 소리
낡은 배
퍼덕퍼덕 숨 가쁜 소리

주꾸미 다리 물고
쩍쩍이는 소리
콸콸콸
막걸리 따는 소리

엉거주춤 눈치 보는 봄
아지랑이 아롱아롱
봄이가는 소리

김과 금 사이

바닷물 하도 많이 먹은 탓에
뭍에서는
물 먹지 않겠다는 듯
새는 김은 김이 아니란다

겨울에만 일구는 바다 농장
사방 말뚝 박아
도망가지 못하도록
그물 울타리까지 처져 있다

파도 햇빛과 수온 물의 농도
갯벌의 조화
오 박자의 합을 맞추듯
그물로 엮여있다

어장에서 파릇파릇한 해초
포자 입 열고 곰실곰실
민낯 보이는 영양 덩어리
보무도 당찬 금의환향인 듯

김샐 틈도 없이
갈 길은 정해졌는데
뜨거움 벗어날 수 없다
김과 금 사이는 곱창 길이다

망처럼 열 켜진 이 한 장
싸다고 볼 수 없으므로
흑진주와 견주어 봄 직하다

동서양 아프리카까지
얼굴 보자고 손짓한다
흑진주끼리 만나면
무슨 말들이 오고 갈까?

고래의 노래

너의 정체는 무엇이냐
일반적 통설 뒤집고
망망 옥색 바다 누비며
등지느러미 용트림하면서
무지개 물기둥 갖고 노는

발달한 수염판 거대한 동체
뒷다리의 흔적이 있다는 건
누구도 흉내 낼 수 없는 언어다
너한테는 있고 나한테는 없는

공룡이 사라질 무렵까지 거슬러
네 조상만이 알 수 있는
역사가 있다
젖 물리고 허파가 있다는 것
물고기의 분류 대상이 아니다

구름 꽃도 밝게 웃으며
온통 푸른 옷 갈아입는데

두꺼운 겨울옷 벗고
콧노래 부르는 이 봄날
노래 한 가락 흔들어 놓지 않겠니

파도 넘실거리는 넓은 무대에서
천둥 번개 치듯
가슴 헤집는 크나큰 울림
거친 파도 꼬리 잡고 흔드는
하얗게 부서지는
장엄한 월광곡이면 어떨까?

오징어 증후군

어두움이 짙을수록 불빛은 밝다
칠흑 밤바다에
집어등 불빛은 얼마나 반가울까

빛이 밝을수록
그림자는 짙어지는데
밝은 곳을 좋아한다는 것은
천성이 착하다는 의미이다

검붉은 피부색을 변화시켜
까마귀까지 잡아먹는
옛날 옛적 설화 속 이야기
너는 먹물 하나뿐인데
세상은 은빛 바늘 촘촘하구나

날개 없는데 달아나야 할 판
다리 몇 쪽으로 달리다가
지쳐 불빛에 머무르는 순간
돌아올 수 없는 마지막 이별이다

얼굴 보고 살아야 한다는
사랑의 묘한 집단성 때문에
몰려다니는 곳에는
무서운 함정이 도사리고 있다

암흑을 훤히 밝히는 불빛
쫓고 쫓기는 불빛과 눈빛이
반사와 투시를 거듭하고 있다

비린내 바큇살

비릿비릿 비리다는 것은
썩지 않았다는 것이다
생명을 잉태하고 유지하려는
살아있는 냄새다

양수를 뚫고
탯줄 자르며 태어나는
아기도 첫인사로
비린내 풍기며 울어대고

어판장에 모여든 어류
짙은 비린내 뼛속까지
얌전하게 스며든 탓에
길손 후각을 마비시켜
만지작거리게 만드는 듯

풀밭 예초기 칼날에
쓰러지는 풀
신음 떨구며

새순 돋아나겠다는
다짐의 비닌내를 아는가

사랑이라는 것은
본능적으로 범접하려는
습성을 가진 탓에
습한 냄새에 손이 가고
마음이 먼저 앞장서지만

잘못 더듬다가 묻히다가
사랑의 바큇살에 걸려
꺾이면서 곧잘 멈추는데

한곳에 오래 머무르지 못하는
깔끔한 성질머리
싱싱한 변태로
암묵적 경고 뿜는
그의 행보를 누가 탓하랴

막춤

아침나절 저녁 무렵이면
갓길에서 볼 수 있는 사내
휠체어에 몸을 지탱하고
손 팔 어깨로 춤추듯 간다

길손 측은한 눈빛이다
1년쯤 지났었나
아랫도리 마비된 몸 이끌며
막무가내 춤을 추고 있다

지팡이에 의지하여
한쪽이 무너지면
한쪽을 추켜올리며
눈빛만은 결연한 의지다

한참 보이지 않던 그가
어느 날 목욕탕에서
넙죽 인사를 하는데
어리둥절해 하는 나에게

다시 살아왔다는 듯
그간의 안부 전하는 것인지
누구도 흉내 낼 수 없는 춤으로
환한 미소 짓고 있다

치자꽃, 그 향기

가파른 산기슭 조그만 암자
적막을 몰아내고 피는 꽃

소복 걸친 영롱한 눈망울
한 겹 한 겹 받쳐 들고 핀다

지난 그 시절 남아 있는
지워지지 않는 잔인한 향기

너는 향기 날리며
점점이 달아나는데

연붉은 그리움
눈치라도 챈 듯

한 말씀 건넨다
나무아미타불 관세음보살

4부
슬기의 무늬

두꺼비집

오를 수 없는 가파른 벽에 달아놓고
살벌한 전선이 얼기설기 지나가는
자칫 불똥 튀는 데를 가리켜
이게 내가 사는 집이라니요

습기 녹녹하고 가랑잎 더미 쌓인
산속 아니면 냇가이어야 합니다
그늘진 곳을 좋아하는 나에게
전기와는 아무런 상관없는 나에게

내 이름을 함부로 갖다 붙이다니
누구의 허락을 받은 것입니까
그러나 한편으로 어슴푸레
공감하는 구석이 있기는 합니다만

두꺼비 외형을 머릿속에 담은 듯
듬직하고 딱 벌어진 가슴
온몸에 오톨도톨한 돌기
누전차단기와 연을 맺었습니다

높은 반열에 올려놓으며
평화와 복의 상징으로 섬긴다는 것
그들의 독실한 믿음을 인정하여
법적 개명 절차는 밟지 않기로 했습니다

묵언수행

1
용마루 끝자락에 우뚝 서서
한눈팔지 말고 왕궁 수호하라는
명받은 지 몇몇 해던가
보고도 못 본 체 들어도 못 들은 체
마음에 묻고 살자니
가슴앓이만 하는 치미鴟尾*
세종의 선정에 태평성대
정조 수원성 행차에 가슴이 먹먹했다
대비 치마폭이 자주 펄럭 거리이더니
폭군을 만들고 민초들은 도탄에 빠지고
결국 나라마저 빼앗기는 그때도
시침 뗀 통증에 젖었다

2
남산골 홍 대감 댁 용마루 망와望瓦**
이 댁의 역사를 꿰뚫고 있다
벌건 대낮에 시중들던 여종 겁탈하고
낯 뜨거워 못 살겠다며
안방마님 매질에 만신창인데도

나 몰라라 근엄 떨며
큰기침만 몇 장 날리던
쭉정이 대장부의 민낯도 보았다
그나마 무던하던 도련님 마음 씀씀이에
집안 홍역은 쉽게 가셨지만

3
우연은 아니겠지만 수십 년 사이에
치미도 망와도 보기 어려우니
보고 싶고 그리워서가 아니라
그나마 묵언 감시마저 허용하지 않는
안타까움 때문이다
짓기 편하고 살기 편리한 아파트로
이제는 증인석에 내세우기 위해서인가
움막 초소에서 눈꺼풀과 싸우는
늙수그레한 경비 아저씨가
묵언 수행자로 대신 앉힌 것은 아닌지
그 역시 입도 뻥긋도 하지 않았다

* 궁궐 용마루 양 끝에 장식
** 용마루 끝에 끼어 그 마구니를 장식하는 안막새

굴뚝새 구멍

1
누구도 구멍의 두려움을
알려주지 않았으므로
굴뚝같이 떠오른다

2
일부다처제로
구멍이란 구멍을 다 섭렵했다
토담집 초가 온기 담은 굴뚝까지

3
늦가을 풍만한 곁을 줄 듯 말 듯
앙증맞은 목소리로
저 홀로 적막강산 시골 동네
온기를 몰고 몰아오더니

4
세상살이 날로 공고해지므로
의리 지키듯
굴뚝과 함께 사라졌는가

5
집집이 온기 피워내던 연기
제집처럼 드나들었으니까
지금쯤 그곳에서도
여전히 구멍을 그리워하리라

사금파리 달빛

누구를 위하여 반짝여 보았는가
그럴 수만 있다면
무슨 짓을 못 할까
천 길 불가마도 견뎌냈는데

다리가 없어 도망칠 수 없으며
날개는 언감생심
함부로 던지면
깨질 수밖에 없다

허물어진 세월의 그늘에서
잿밥 우두머리 노릇하다 보니
쉽게 잘렸는지 빈터에서
조각조각 나뒹굴고 있다

이제 와 무슨 소용이겠냐마는
그나마 자국마다 햇살이 놀러 와
흩어진 사연을 담으며
지난날의 기억을 되씹으라는 듯

춘삼월 캄캄한 달밤에
온통 달빛 별빛뿐이라서
눈 뜰 수가 없다
더는 반짝일 수 없으므로

분재 앞에서

몇십 년을 한곳에서
굳은 심지 하나로 메마르게 살았다
산그늘 스치는 바람결 영롱한 햇빛
앞산 골짜기 잘잘 흐르는 냇물

자다가 입김이 더워져 깨어보니
중죄인이 되어 끌려온 신세
철삿줄로 꽁꽁 묶어 놓았다

간신히 숨통만 터놓은 채
큰 사지는 크지 말라 누르고
작은 사지는 커지라고 늘여 빼니
형벌도 이런 형벌이 또 있을까

또래들 돌려놓고
숫자놀음 튀기는 곳
수용소인가 거래소인가
돋보기 썼다 벗는다

법복은 입지 않았으므로
법관은 아닐 테고
아래위로 훑어보더니
제멋대로 귀태 훔친다

완전히 장바닥에 내몰린 채
이상한 방향으로 끌려간다
고목 허리에 방울 달고
딸랑딸랑 웃으라며 재촉한다

적조의 그늘

1
한배 속에서 한솥밥 먹으며
한 방에서 뒹굴던 우리
비바람이 앞길을 막았는지
먹고 사는 일이 바쁜지
거리 두고 머뭇거리고 있다
지근거리에서 자주 볼 수 없어
그리움은 마음을 아프게 하는데
해가 갈수록
재촉하는 날들이 늘어만 간다

2
넓디넓고 짜디짠 바다
버려도 받아 주리라 믿었는데
자연의 셈표를 거슬렸는지
해독할 수 없는 냄새
서로 얽히고설켰는가?
콧등 움켜쥐는 선창가
붉은 핏물이 쫙 깔렸구나

3
그리움이 길어지면 원망이 되고
정분이 사라지면
몸도 균형이 무너지는데
숨이 막혀 썩어버린다
통통거리면서 배가 울듯
비린내 풍기는 선창가에서
서녘 노을 바라보면서
뜸했던 사람 만나
원망 나눌 날을 헤아려본다

냄새의 무게

순간마다 처음과 끝이 있다
냄새도 풍기다가 사라지고
정체도 내보이지 않고
구도마저 오리무중이며
몰려 있는 곳은 무겁고 츕츕하다

젊은 여인의 머리 냄새
맡을수록 상큼하고 가볍다
흙다방 마담의 치마폭 빠져나온
해독할 수 없는 냄새
바람결에도 제자리만 맴도는 듯

목단꽃 사이 배회하던
벌과 나비 분석이 끝났는지
영혼마저 빼앗긴 듯
중량급 꿀단지에 대가리 박고
나 몰라라 하고 있는데

갓 태어난 얼룩송아지
눈꺼풀도 감당 못 하면서
콧등 감각은 살아있는 듯
젖무덤 당차게 더듬으며
음매 소리 연달아 울어댄다

냄새의 무게는 몇 근쯤일까
계량할 그릇은 있는가
냄새와 냄새 사이
반격이 오가며
서로 잘났다고 각자도생 중이다

기울기의 셈법

기울어졌다는 것은
일어서기 위한 전 단계가 아니다
기울어져야 지탱하고
그곳에 깊이 숨어있는
함수와 셈법의 상상 영역이다

비상할 듯 하늘로 치솟은
궁궐의 용마루 끝머리 치미鴟尾
기울어졌으면서
치솟는 직선 같고
곡선만이 간직한 반전의 함수

이탈리아 상징 랜드마크
피사의 사탑 기울기를 놓고
관광객들마저 야단법석인데
지금까지 남아있는 건
기울기가 지켜주었을가

하루해가 뉘엿뉘엿 넘어가는
앞산 마루 끝없이 내려앉는
저 능선의 굴곡
울 듯 말 듯 사연을
쌓아놓은 발자국 자취 같은데

여인의 봉긋한 젖가슴
가느다란 허리 씰룩거리는 엉덩이
굴곡이 만들어낸 걸작품
직선만 긋고 갔다면 어쩔까 싶은
상상하기도 싫은 상상이다

기울기의 아름다움은
빗금을 감춘 무한대
직선과 기울기가 더부살이라며
서로 부딪치고 있다

슬기의 무늬

봄비가 주룩주룩 내리는 날에
처마 끝자락 물방울 위로
짧고 긴 투명한 빗금들이
어지럽고 촘촘히 그어지고 있다

새싹 우듬지 다칠까 봐
한숨 쉬었다 내려앉는가

학교 앞 4차선 도로 위에
비스듬히 누워있는
노랗게 그어진 빗금들

내 품 안이 안전지대라며
범접하지 말라는 굳은 의지다

답안지 채점 때마다
어김없이 갈겨지는 붉은 빗금

분수에 분수를 표시할 때도
검은 빗금으로 버리기도 했다

신석기 시대 빗살무늬 토기
파인 골은 평면으로
평면은 파인 골로

누르고 당기듯 서로 지키려는
오롯한 슬기의 무늬를 너는 아는가

프리랜서

그가 어렵게 입사한 방송국
밤낮없는 시간표
궁합이 맞지 않는 MC의 조합
시간을 조절할 수 없는
나약한 힘뿐이었다

생각했던 곳이 아니었으므로
도전의 꿈을 안고
그만두기로 했다
마음 내키는 대로
장밋빛 날개를 펴리라

약간 짐작했었지만
막상 닥치고 보니
너무 높고 너무 깊다
핸드폰 울림에 매달리는
고용주의 등장

일이라는 게 박힐 때는
촘촘히 박히다가
연락 두절이 다반사
지문 없는 범인 같은 프리
밀물처럼 왔다가
썰물처럼 빠졌다

자유란 소속이 없다는
달콤한 속성 때문에
기다림과 조바심도 함께한다
구속의 의무가 없으므로
그래도 시간은 흘러가는데

자멸의 일침

삼면 경계선 쥐똥나무 울타리에
집 한 채가 있었다
향기로운 쥐똥나무 꽃냄새에
벌이란 벌 나비까지도 뒤엉켰지

주인의 허락은 아랑곳하지 않고
나뭇잎 가리개에 숨어 살던 집
지을 테면 허가를 받든가
아니면 문패를 달든가

우듬지 자르다 영문 모른 채
독침 한 방 맞으니 번갯불 번쩍
남의 울타리에 집 짓고
적반하장 이 무슨 짓인가

많은 벌 가운데 생소한 벌
허리도 호리병 같은
가냘픈 애호리병벌
독침은 제법 따끔하구나

밤사이에 부어오르더니
근질근질 가려워
밤 잠 설친 것과 약값까지
청구하려는 마음 굴뚝같다

만약 스스로 철거하지 않고
끝까지 버틴다면
어쩔 수 없이
따끔한 손맛을 보여 주겠다

너와 나의 한 울타리
한 방으로 걷어차 버린
너의 일침
자멸의 무기였을까

대중 목욕탕

1
새벽부터 모여드는 여인들
삶의 독을 뱉으려 모여드는지
발가벗은 아낙들의 얼굴 사이로
뽀오얀 김발이 피어오르는데
온갖 상흔 혼자 지녔다는 듯
음모의 노쇠함을 따질 필요도 없이
어울려 폭포수 맞으며
뜨거운 물이 시원하다며
아련한 풍경 그리면서
극락 천당 길로 미끄러지고 있다

2
일상의 습관은 쉽게 버리지 못하는 법
구운 계란과 우유팩이 오가고
부항 뜨는 손들이 분주하다
한쪽에서는 건강식품 상담에
방울토마토가 거래도 되고
고깃집 주인은
싱싱한 고기가 들어왔다며

점심 예약을 부추기는
발가벗은 대중탕 풍경

3
알몸의 친분은 더욱 끈적거리는지
하루만 빠져도 전화벨 소리 요란하다
남의 가정사도 속속들이 보이는 듯
오늘은 한 회원 아이 아빠가
갑자기 죽었단다
문상 약속이 친족 이상으로 서두르는데

4
영원하리라던 곳이 견딜 수 없어서
굳게 막은 탕 구멍이 뚫리고
출입문이 덜컹 닫치던 날
행선지를 찾지 못한 채
자물쇠에 막힌 여인들의
발걸음은 휘청이고
가슴이 내려앉는 듯

아마 며칠 내로 또 다른 곳에서
아릿한 대화 오가며
푸석한 모발에 힘을 주겠지

돈벌레 그리마

6·25 이후 미제 물건에 숨어들어
부잣집에서 볼 수 있다 하여 불꽃 속의 여인
말장난하듯 붙여진 이름이다

긴 다리와 편편한 몸을 이용하여
나풀거리는 200여 다리로
어둠 속 달리는데 귀재다

곤충 기생충 먹이 삼아서
생태계 균형을 유지한다니
이 얼마나 아름다운 일인가

만상이 얼룩진 돈을 버리고
생태계 파수꾼으로 변신했으니
개명 절차를 밟아야 하지 않겠니

그늘

나는 누구인가
상대를 발가벗기는 직업이다
신약을 홍보하며
판매실적을 올려야 하는

대상 포인트에 맞춰
골프 약속 건네 보는데
날짜가 잡히는 날이면
그나마 가벼운 퇴근길이다

치는 대로 나가는 하얀 공의
농간에 하루가 저물고
발가벗은 목욕탕에서
서로 다른 얼굴로

연못과 고추잠자리

명경지수의 허수를
엄마마저 귀띔조차 없었으므로
고추잠자리는
연못이 두렵지 않았다

늘어진 수양버들에 앉으려다
빼꼼거리는 붕어 입놀림에
화들짝 놀라는데
이게 웬일인가 싶다

구월 추석 무렵 연못에는
하늘이 한가득 수 놓여서
천상인지 수상인지
구별할 수 없는데

바쁜 고추잠자리 날갯짓
갈팡질팡 빛나고
무심한 수심은
아무 상관 없다는 듯

덤

앞뒤 가름도 못 하고
영문도 모르던 시절에

동네 한 학년 앞선 여학생이
만나자고 해놓고

나가보면 어린 조카를
둘러업고 나왔다

덤을 끼고돌아야
마음이 놓였던지

잘 버무리지 못하는
두려움 때문이었는지

하얗게 흘러간 세월
혀 짧은 말투로

달랬다가 얼랬다가
서툴러 얼버무렸다

5부

낙엽 노트

비단풀 악플

선입견이 이다지 보는 눈을
흐리게 바꿔 놓을 수 있을까
지나가던 약초꾼의
스쳐 가는 말 한 마디에

너를 향한 눈초리가
예전과 사뭇 달라졌다
풀 중에서도 악풀이라고
새끼까지 잡아 뽑았는데

이름 그대로
심성이 비단결 같아서
씀씀이도 버릴 것 없다니
어찌 미워할 수 있겠는가

땅에 딱 붙어
어느 부잣집 혼삿날
비단길 수놓은 듯
활짝 펼쳐져 반짝이는 잎사귀

흔히들 땅, 빈대라는
별명도 있지만 그 말은
겉만 보고 지껄이는
그야말로 어불성설이다

줄기마다 하얀 뜨물 담고
어느 임 입가를
촉촉이 추겨줄 요량으로
조용히 기다리고 있는가

비단풀 윤기 머금은
살가운 제 살결에 놀란 듯
이 시월 가을볕에서
마음 놓고 들판을 달린다

호밋날

김장밭에 잡초를 뽑습니다
어느새 통통해진
무는 긴 터널을 이루고
배추는 질긴 여름 탓에
죽었다 살았다 반복하더니

벌레와 싸움도 안쓰럽다
남은 몇 포기마저 잡초에
매달려 달랑거리고
뿌리는 풀포기에 성가신 듯
연속 힘겨운 하품만 하는데

잡초들은 고개를 요리조리
바람을 갖고 노는 듯
파란 띠를 이루며
보름달을 끼고 돌더니
이때다, 으쓱 커진 쇠비름

인정사정없는 풀의 자리
인정 없는 호밋날
땅을 콕 찍는 V자로 파내며
뿌리를 들춰 뽑는데
힘을 빼는 것이 요령이다

호밋날 따라가다 보면
어느새 도랑은 끝나고
비껴가는 놈도 있지만
해방된 무 배추는
날개를 달은 듯 나풀거린다

도홍빛 노을 가을은 익어가고
겨울이 다가올 때
북풍한설 동짓날 기다리는
호밋날 잊어버린 김장 김치
이때쯤 노릇하게 익어가겠지

에움길

갯벌 진흙으로 다져진 구들장
누워서 천장에 뱉어낸
독한 한숨의 메아리 탓인지
심한 엉덩이의 몸부림인지

푹 패진 구들장 한 장
파인 구들장에 꽉 낀 허리
포란抱卵의 품이었는지
시원하다는 아버지 허리

아버지 소 판 돈 훔쳐
새벽 열차 탔던 광수
동대문에서 포목상으로
거부가 되었다는 소문이다

옆 동네 총각과 혼담 깬 영자
도시로 뛰쳐나가
방직 공장장과 눈 맞아
사모님 소리 듣는다는데

꽁무니가 꽁무니 잡으려고
쫓고 쫓는 우리네
에움길 아니더냐

슬픔의 온도

삼시세끼 챙기기에
노심초사하던 어머니
막걸리 떨어지면
생트집 잡던 아버지

곤궁한 살림에
며칠 걸러 술을 담가야 했으니
아랫목 술독의 부글거리는 소리
당신의 한숨 소리
설음이 울컥하는 소리

채반 밑으로 주르르 흐르는
줄기줄기 막걸리
당신의 눈물 줄기 같은데
눈물이 눈물로 위로하는가

술을 빚을 때면
나를 힐끗 바라보던

당신의 엉클어진 눈빛
술은 애당초 입에 대지 말라는 듯

술지게미의 온도에
닭도 졸고 개돼지도 졸고
나와 친구들도 졸았다
양지바른 봉분 앞에서
해가 뉘엿뉘엿 질 때까지

온 동네 떠나갈 듯
어머니들의 떼창에
슬금슬금 언덕길 내려오던
볼때기 불그레한
까까머리 긁적거리며
너스레 떠는 녀석들

찰나의 그늘

1
종합 병원 대기실에서
중학생 정도로 보이는 아이가
다급한 말투로
핸드폰을 잃어버렸다며
엄마한테 문자를 보낸다기에
별 생각 없이 핸드폰을 건넸다

2
찰나의 순간에 악성코드를 심어
수천만 원을 해킹당했다는
지인의 울음 섞인 말마디
선행이 화를 불러왔단 말인가

3
삐삐 세대만 해도
목소리 얼굴은 언감생심
저만의 상상의 나래 펴며
풋풋한 낭만도 있었건만
선행은 짧고
악성의 후유증은 모질구나

4
정작 내가 같은 처지라도
아마 그랬을 것이다
누군가보낸 장소 문자
누가 거절하겠는가
맑은 마음 역으로 옭아맨

5
쉽게 지워지지 않는
악성 코드마저
껌딱지처럼 달라붙어
좀처럼 떨어지지 않는데

6
가라면 가고 오라면 오는
손놀림에 울고 웃는 세상사
누가 누구를 탓하겠냐마는
이제는 샛길로 새지 말고
앞만 보고 가거라

꽃뱀

그가 무거운 햇살 사이로
알싸한 외출을 나섰다
꽃뱀의 외출복은 가볍다
너무 화려하므로

그의 걸음걸이는
가볍다고 생각할지 모르나
나름대로 된통
용쓰는 중이다

뻣뻣한 목덜미
이글거리는 눈망울 미끈한 몸매
뭇 사내들을
유혹하기 충분한데

아차 하는 순간이다
물 들어올 때
한 놈 묶어놓지 못하고

애문데 지지고 볶다가
이제는 이곳저곳 기웃기웃

가슴이 다리였으므로
빵빵하게 뽕뽕 터뜨리고
아스팔트를 넘고 있다

사르르 사르르 쉬쉬
실꼬리 흔들며
희희낙락거리는 순간
실눈이 왕눈으로 바뀌었다

어느새 정체가 들통났는지
남정네는 보이지 않고
아낙들이 목을 지키고 있다

범고래의 무게

남극과 북극을 오가는
오대양 바닷속 이야기
부레가 없는 탓에
부지런히 가슴의
가속 페달을 밟으며
갈길 재촉한다

검은 바탕에 짬짬이 흰무늬
체구마저 범상한 범고래
사랑의 형태는 두두물물 하여
함께 다니는 무리는
식구라서 관심 밖이라는 듯

다른 무리와 선보는 날
오롯이 제 생각과 느낌으로
일렬횡대로 질주하며 쳐다보고
가슴으로 말한
가치 있는 짐이었다

쫓기는 애정 물살 너머
풋풋한 사랑의 여정
먼 길 돌아 돌아온 자리
물길 따라 수온 따라
투명한 지느러미는
한눈팔기를 허용하지 않는다

새끼 보듬으며 꼬리 쳐들며
거친 파도 갖고 노는 듯
철퍼덕철퍼덕
내 등을 넘는 소리
바다를 호령하는 소리

청춘의 꽃

1
과테말라 아티틀란 호숫가
체 게바라가 혁명을 멈추고
쉬고 싶었다던 곳에서
커피에 인생을 걸고
방황을 멈춘 한국인 5인방
호숫가 작은 마을 파나하첼

2
커피 생두 그린 빈과 농장
언제나 감동의 자리에는
사람이 먼저다
진정으로 사람과 부딪치고
전문성으로 골라내는 원두
경쟁하여 승자승 원칙으로
이름 걸고 커피를 내놓는다

3
리더 진영 씨는
미국 처녀와 결혼했다

남편은 커피를
아내는 마야 원주민을 돕는데
역사의 굴곡은 아이러니한 걸까
마야의 조상들이
무덤에서 벌떡 일어날 듯

4
정작 이 일자리가 맞는지
내가 있어야 우리가 있고
우리가 있어야 내가 있는 것 같은
커피와 우정 그리고 사랑으로
영원한 봄의 나라 과테말라

적선

가을이 오면 나뭇잎
서릿바람의 요령 소리에
이승을 마감하고
미궁의 저승길로 들어서는데

갈수록 변덕스러운 기후
여름의 참았던 뜨거움
불손한 울분까지 토해내듯
새빨간 화살나무 이파리

주렁주렁 열리던 대봉감나무
얼리는 둥 마는 둥 하고
잎사귀는 반점이 군데군데
보기에 무척 곤혹스럽다

일생을 마감하는 것들이
이 가을의 중턱에서
나뭇잎뿐이겠느냐마는

갈지자로 아등바등 지난날
눈물이 눈을 가린다

세상에 와서 누구 하나
해코지해 본 적이 없다
속까지 다 벗어 주기만 했던
오직 적선의 생이었으므로

딱정벌레

앞산 산책길 상수리나무에
구멍 하나 있는데
누구의 눈치도 살피지 않는
동그란 딱정벌레 집 한 채

붙잡으려면 물러서고
물러서면 다가오는 듯
우화등선하려는 집게발

대롱대롱 떨어지는 나뭇잎
입으로 받기라도 하려는가
아래턱 툭툭 치대는데

슬금슬금 오르다 쉬다
느림의 미학은 여유를 낳고
여유는 시공간을 만들어
연민과 사색도 끌어낸다

꽃가루 날라다 주어
충매화로 거듭났으니
꽃의 대부로 자처할 만도 한데
그게 무슨 대수냐는 듯
초연한 몸짓이다

길손들 몰려들기 전에
어서 너 갈 길 가거라
이런저런 소문 호기심 붙여
추한 꼴 당하기 싫으면

자은도 이방인

명나라 이여송의 휘하 두사춘이
반역죄로 탈영 후 표류하다
주민의 도움에 감동하여
자비롭고 은혜롭다고 하여
그럴듯한 설화가 담긴 자은도

자은도는 섬에 대한 선망을 품고
달려온 이방인을 뒤로한 채
섬이 아니라 평원 지대라는 듯
온 동네를 뒤덮은 스프링클러
비옥한 토질 해풍 탓에
마늘과 양파 대파 땅콩
푸짐한 농작물의 주산지다

이방인의 철철 일터는
염전 몇 군데뿐인데
노송의 군락지 덕분에
송홧가루 날리는 봄날

노란 소금꽃이 피고 지고
주목망에 어엽시수 풍부하며

간 맞은 비릿한 갯벌
세상 물정에 찌들지 않은
수평선 넘어 불그레한 노을
입 딱 벌리며 달려드는 파도
길게 늘어선 백사장
점점이 엉킨 섬들마저 없다

남쪽 나라 두고 온 가족 생각에
일손 놓은 이방인
청승맞은 사설 가락에 따라
하루해가 저물어 가는데
사각사각 모래 발자국 소리
서걱서걱 소금 발자국 소리

가을 편지

해독할 수 없는 낙엽 빛이
석양 그늘에 얼비칠 때
맺힌 마음 후벼 파는 데
이 어쩌면 좋을까요

기러기 청둥오리 창공을 가르고
나무는 붉은 노란 눈물 흘리고
뭉게구름 사이로
적막한 고요를 내려놓네요

시월의 마지막 날
내가 잊고 있는 사람
나를 잊고 있는 사람
이리저리 끌고 다니는데

켜켜이 내려앉은 세월의
얼룩무늬 조각이 나뒹굴면서
한마디씩 내뱉고 싶어 하는데
어찌 손 놓고 있을까요

갈지자로 걸어온 날
안타까움이 안타까움을
감싸지 못해 그을린
허공에 던지는 가을 편지

어깨의 그늘

텃밭에 고구마를 심었는데
가던 날이 장날이라고
여름이 그다지도 덥고 가물구나

호밋날을 땅속 깊이
들이밀 때마다

엉거주춤 아비의 어깨에
주렁주렁 매달려 나오는 꼴이라니
그 시절 꼭 우리네 같구나

읍내 장에 갔다 오시던
굽은 허리 주름진 얼굴
축 늘어진 어깨에

매달리던 오 남매
눈가에 아른거리는데
잘 웃으시던 아버지가 보고 싶다

낙엽 노트

가야 할 마지막 생이
가을비에 나뒹구는

뜨락의 적막한 풍경
화려했던 날은 갔다

미련만 남긴 사랑처럼
에둘러 태연한 체

색색으로 변해가면서
무엇인가 하고 싶은 말마디

사랑도 이별도 한 번뿐이었다고
전하고 싶은 듯

악어의 눈꺼풀

적막만이 흐르는 늪지대
거대한 이빨로 꼬리 요동칠 때
악어라는 것을 알았다

매복 기습으로
눈꺼풀 벗겨질 때 응시하는
정확한 초점의 위치

파충류인데도 조류와 같은
심실과 심방을 가졌다는 것은
전혀 믿기지 않은 사실이다

진흙 바닥에 엎드린 포식자
한번 먹으면 오래 버틴다는데
절제가 절제를 낳는단 말인가

쉽게 볼 수 없는 현상인데
한쪽 눈 뜨고 불침번 서는
강자의 약한 모성애

근래에는 대량 사육되어
사람들에게 전시되니
강자의 체면이 말이 아니다

무겁고 험한 생을 턱 힘으로
좁은 얼굴 숨었다 내밀다가
잠수하다 기습하는 이유인가

복수 꽃 한 채

귀로 들을 수 없는 소리
눈으로 볼 수 있는 소리

찬바람이 잠시 머문 사이
체머리 흔드는 복수 꽃 한 채

아리아리 가냘픈 꽃송이
저 홀로 잠들어 있는가

하늘에서 지상까지
세상일 다 보았으므로

이제 가든 내일에 가든
아무런 뜻이 없다는 듯

오름시인선 · 74
오징어 증후군

지은이 _ 김병익
펴낸날 _ 2025년 6월 20일
펴낸곳 _ 기획출판 오름 / 발행인 _ 김태웅
   등록번호 _ 동구 제364-1999-000006호
   등록일자 _ 1999년 2월 25일
   주소 _ 대전광역시 동구 대전로 815번길 125 2층 (삼성동)
   전화 _ 042.637.1486
   E-mail _ orumplus@hanmail.net

ISBN _ 979-11-94471-08-0

값 10,000원

· 잘못된 책은 바꾸어드립니다.
· 지은이와의 협의에 의해 인지는 생략합니다.

※ 본 도서는 충청남도 충남문화관광재단 후원으로 발간되었습니다.